LETTRE
DE
N. S. P. LE PAPE,

escrite il y a treize ans, lors qu'il estoit encore

EVESQVE DE NARDO, ET NONCE A' COVLOGNE

A ANTONIO BICHI SON NEVEV, Abbé de Sainte Anastasie.

Auquel il recommande les Escrits de pieté, & l'exemple de Sainteté du Bien-heureux FRANÇOIS DE SALES, Euesque de Genéve.

TRADVITTE DV LATIN, ET ADDRESSEE à la tres-Reuerende Mere Superieure des Filles de la Visitation.

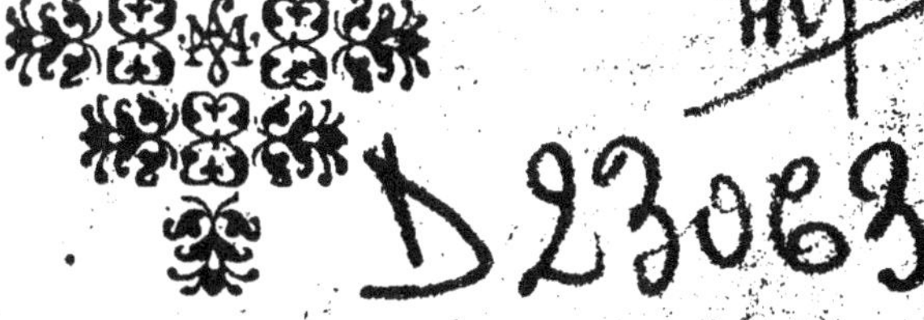

A PARIS,
De l'Imprimerie d'Antoine Vitré.

M. DC. LV.

LETTRE DE N. S. P. LE PAPE, à ANTONIO BICHI son Neveu, Abbé de sainte Anastasie.

MON cher Neveu, apres auoir souffert auec peine vostre separation d'auec moy, pour bien commencer le commerce de lettres que nous aurons ensemble, ie vous tiendray, dés à present, le mesme langage en vostre absence, que ie fis nagueres à vostre d'épart. Ayez, ie vous prie tousiours, & par tout où vous estes, le bien-heureux François de Sales, pour le sujet de vos amours & de vos delices. Soyez son lecteur assidu, son fils obeissant, & son soigneux imitateur. Combien que j'aye leu dix fois sa Philothée, ou l'introduction à la vie deuote (à qui ie suis redeuable, sur toute chose, apres Dieu, depuis vingt ans en ça, de quoy qu'il y ait en moy, qui puisse estre sans blasme) ie fay estat de la relire cent fois, & ie trouueray qu'il me dira tousiours plus de choses qu'il ne m'en auoit dit. Mon aduis est donc que vous preniez Philothée pour vostre regle & pour vostre niueau, afin d'y compaſſer diligemment & d'y former toutes les parties de voſtre vie. Il n'y conſeille pas vne maniere de vie auſtere, ſolitaire, & eſtrange, mais ciuile, mais noble, mais d'vn iuſte temperamment; c'eſt à dire vne façon de viure que chacun ſe peut acquerir, capable cependant de paruenir à la perfection & à la ſainteté. Quelqu'vn diſoit, que ſi la vertu pouuoit eſtre repreſentée par quelque peinture, elle auroit le pouuoir de charmer & d'attirer tout le monde à ſon amour. Selon mon jugement, le bienheureux de Sales en eſt venu à bout, tant il exprime au vif, & nous remet agreablement deuant les yeux, ſa beauté, ſa majeſté, ſa bonne grace, & ſon agréement. Et ce qui concilie, à luy meſme, autant de loüange & de veneration, qu'à nous, qui le liſons, d'affection & d'inclination pour luy: c'eſt qu'ayant ſuiui noſtre Sauueur pour ſon original, il a commencé premierement de faire, & apres cela d'enſeigner. De ſorte que ceux qui examinent les conſeils qu'il donne, s'imaginent de lire ſa vie. Et il eſt beaucoup plus aiſé de ſuiure ſes preceptes, à ceux à qui premierement il s'eſt propoſé pour exemple. Eſtant né d'vne famille noble & riche, il a eſté eleué, comme les gens de bonne maiſon, en la pieté & aux bonnes lettres. Nous l'auons veu, dans noſtre ſiecle, reluire de tant d'honneſteté & de ſainteté, dans les courts des Rois & des Princes, & dans les maiſons des perſonnes priuées, dans les compagnies de ſes amis, dans les affaires, & dans les exercices de pieté, & en toutes les occupations qui ſont de la bienſeance d'vn Eueſque : que nous ſommes contraints d'auoir honte de noſtre faineantiſe, & de la blaſmer auec ſujet, nous tous qui alleguons les frequentations des hommes, les affaires, & la condition de nobleſſe pour excuſe de ne pouuoir paſſer noſtre vie dans la pieté & dans la ſainteté. Ce que j'ay dit de la Philothée j'enten le dire auſſi de ſon excellent liure de l'amour diuin, & de chacun de tous les autres monumens, que ce grand homme nous a laiſſez de luy. En les feüilletant iour & nuit, ie ne me puis paſſer que ie n'en cueille & n'en mette à part les principales paroles, & comme les principes de ſa doctrine, qu'à mon loiſir ie remaſche apres, de fois à autre, & puis ie l'aualle, pour en faire, tant qu'il m'eſt poſſible, le ſuc & le ſang de ma nourriture. C'eſt là mon aduis, c'eſt le conſeil que ie vous donne, mon cher Neveu. Car ſi vous en faites voſtre guide, voſtre compagnon inſeparable, &, comme Seneque le conſeilloit, voſtre cenſeur &

vostre maistre, & que vous l'ayez tousiours present pour vous gouuerner par son addresse, ie ne me repentiray iamais du conseil que ie vous en donne, ny vous de la peine que vous y aurez employée. Ie finiray auec Horace.

Ayez soin de la vie, & de vous porter bien.
Ami, si vous sçauez quelque chose meilleure
Que ce conseil icy, daignez, à la bonne heure,
De nous en faire part: Sinon, vsez du mien.

A Coulogne ce premier jour d'Avril 1642.

ANTONIO BICHI
Abbati ſanctæ Anaſtaſiæ.

FABIVS
EPISCOPVS NERITONENSIS.

ÆGRE à me diuelli te paſſus, dilectiſſime nepos, vt bene exordiar litterarum inter nos mutuam ſcriptionem, quibus verbis abeuntem nuper alloquutus ſum, ÿſdem modo abſentem compellabo. Habeas, rogo te, ſemper & vbique in amoribus ac delicÿs, Franciſcum de Sales. Eius eſto aſsiduus lector, obſequens filius, ſedulus imitator. Philotheam, ſeu manuductionem ad vitam piè inſtituendam (cui a viginti annis, poſt Deum, debeo imprimis ſi quid in me ſit quod culpa vacet) quanquam decies lectam centies legam, & ſemper plus mihi dicere videbitur quam dixerit. Philotheam, inquam, conſtituas tibi velim quaſi normam & amuſsim, ad quam vitæ tuæ rationes ſingulas exigas diligenter, atque conformes. Non auſterum, non Solitarium, non exoticum vitæ genus ſuadet; ſed ciuile, ſed nobile, ſed temperatum, hoc eſt parabilem cuique modum viuendi, qui tamen ſolidam attingat perfectionem atque ſanctitatem.

Virtus, si cujus coloribus representari posset, aiebat quispiam, futurum vt omnes in sui amorem potenter alliceret, attraheretque. Id meo quidem judicio assequutus est Salesius; vsque adeò eius pulchritudinem, majestatem, decorem, venustatem suauiter ad viuum exprimit, atque ob oculos ponit. Et quod æque laudem ac venerationem ipsi, nobis vero legentibus affectum conciliat ac propensionem, Saluatorem prototypum sequutus, cœpit ipse primum facere, postea docere. Vt eius vitam legere videantur qui eius concilia rimantur; faciliusque eius præcepta sequantur ii, quibus se antea posuit in exemplum. Nobili ac locuplete natus e familia, nobilium ritu, in pietate ac litteris eruditus est. In principum regumque aulis, in domibus priuatorum, in cœtibus amicorum, in negotiis, in pietatis exercitamentis omnibusque laboribus, qui Episcopum decent, ita honestè sanctéque vidimus eum nostro æuo resplenduisse, vt socordiam nostram erubescere cogamur, ac meritò damnatam censeamus; quicunque consuetudines hominum, negotia, aut nobilitatis conditionem causamur quominus vitam in pietate, ac sanctitate transigere valeamus. Quod dixi de Philothea, de au- aureo libro diuini amoris, ac de omnibus & singulis tanti viri monumentis dictum velim. Quæ dum diurna nocturnaque manu reuoluo, omittere nequeo, quin dicta eius præcipua ac quasi principia eius doctrinæ decerpam ac seponam, quæ mecum posteà otiosus subinde ruminem, ac rursus deglutiam, vt in succum ac sanguinem transferam quantùm possim. Ita sentio, ita suadeo tibi, nepos optime. Si enim inspectorem hunc, indiuiduum comitem, & quod Seneca etiam suadebat, censorem ac magistrum tibi constituas, ac semper presentem habeas, ad cuius nutum te geras, nec me huius consilij, nec te operæ in id impensæ vnquam pœnitebit. Finiam cum Horatio.

Viue, vale, si quid nouisti rectius istis,
Candidus imperti, si non, his vtere mecum

Coloniæ die 1. Aprilis 1642.

REFLEXIONS TIREES DE LA LETTRE PRECEDENTE.

Sur la Pieté & la sainte vie de N. S. P. le Pape, & du Bien-heureux FRANÇOIS DE SALES.

A la tres-Reuerende Mere Superieure des Filles de la Visitation.

MADAME,

Ie publie & ie vous addresse, auec beaucoup de raison ce me semble, vne lettre escrite il y a treize ans par nostre saint Pere, tres-digne successeur aujourd'huy du Prince des Apostres. Le sujet de la lettre me donne l'occasion de la donner au public en vous la dediant, pour les deux raisons qui en composent toute la matiere. Ce saint Euesque, qui est aujourd'huy le premier organe du saint Esprit dans l'Eglise de nostre Seigneur, grauoit, dés lors, sur ce papier, le caractere de la sainteté qu'il auoit luy-mesme, deuant les yeux de Dieu, pour en imprimer le cachet dans vne ame qui luy estoit chere. Il le faisoit par les mesmes enseignemens, dont les œuures diuines du bien-heureux François de Sales l'auoient premierement imprimé dans la sienne. C'est la double raison qui m'oblige de donner cette lettre à tous les Chrestiens, & principalement à nos François, pour tous lesquels ie l'ay traduite, & de la rendre commune à chacun, en vous la faisant particuliere. Ie l'addresse, MADAME, specialement à vous, qui conduisez la troupe sacrée, qui peut estre appellée à bon droict (selon les termes du saint Apostre) la joye & la couronne de cét autre Euesque bien-heureux, qui a donné la forme de vie à vostre sainte Societé ; & que celuy, qui est à present le Pere commun des Chrestiens, auoit choisi, dés sa jeunesse, pour l'exemplaire & pour le mousle de sa vie.

N'ay-je pas raison de faire l'vn & l'autre ? puis que d'vne part j'y trouue la matiere d'vne consolation indicible pour l'Eglise, en l'informant au vray, sans flatterie & sans artifice, qu'elle void aujourd'huy, pour le souuerain chef de son regime, vn Pape qui porte vrayement, dans le cœur, la viue image de la Sainteté, que la voix de tout le peuple Catholique donne pour tiltre à ſa dignité. Vn Pape, qui par conſequent doit attirer ſur luy la veneration chreſtienne de tous les fideles, & le vœu commun de l'Egliſe pour ſa conſeruation. Vn Pape, qu'elle doit regarder comme celuy duquel elle a tout ſujet d'attendre ſa reſtauration, & la paix pour laquelle elle ſouſpire à Dieu depuis pluſieurs ſiecles. Car ce ſera, ſans doute, l'ouurage de la grace excellente, de laquelle Dieu luy a premierement rempli le cœur, comme de la ſublime puiſſance, qu'il luy a pleu en ſuite luy mettre dans la main, pour cette fin là meſme.

Il en eſt de la verité & de la vertu, comme de la lumiere. La moindre eſtincelle s'en fait connoiſtre dans la plus grande obſcurité, tant que noſtre veuë ſe peut eſtendre. Ce petit mot de lettre n'eſt qu'vne eſtincelle des vifs ſentimens qu'a cette grande ame, de l'amour de Dieu. Par le deſſein du commerce qui a donné l'eſtre à cette lettre, ſon deſtin eſtoit de demeurer cachée dans l'obſcurité d'vn cabinet & d'vne leyette. De cette obſcurité, venant à paroiſtre aujourd'huy, par vne rencontre fortuite, elle deſcouure, à ceux de qui la veuë ſçait apperceuoir la verité, vn ſecret merueilleux de la prouidence de Dieu, qui ſeul donne enſemble, à ceux qu'il luy plaiſt, & la vertu & ſa couronne. Il n'y a perſonne ſi peu clair-voyante, qui, dans ce peu de lignes, où cét homme de Dieu anime ſi naïuement l'amour qu'il a pour la pieté, afin d'en jetter la flame dans le cœur d'autruy : n'apperçoiue bien aiſément, qu'il y parle en effet du plus profond du ſien, & qu'il y peint au vif l'image de ſon ame. N'eſt-il pas vray, que l'éuenement nous deſcouure aujourd'huy, par la premiere & la plus remarquable de ſes actions, que la vertu qu'il pratique, à cette heure, dans ſa puiſſance, eſt la meſme qui paroiſſoit dés lors dans l'exercice de ſon affection ? Quand nous voyons qu'il s'eſtudioit, auec tant de ſoin, de former ſon neveu à la vraye ſainteté, qui rend toute condition de vie heureuſe : pouuons-nous douter, apres cela, d'où vient cette profeſſion publique, qu'il a faite, à l'entrée de ſon Pontificat, d'abhorrer le deſſein de quelques-vns de ſes predeceſſeurs, qui ont employé toute leur puiſſance à éleuer le nom & la perſonne de leurs neveux ſur le pinacle des dignitez & des richeſſes de ce monde ? D'où procede en luy le refus & la proteſtation contraire qu'il en a faite, que de la meſme inſpiration du ſaint Eſprit, par laquelle il inſpiroit luy-meſme, dés ce temps-là, à ſon neveu, le conſeil ſalutaire de viure dans la pieté, pour l'vnique condition d'vne vie heureuſe? Pouuons nous douter, que la vertu naïue & la ſainteté ſolide, qu'il dit auoir gouſtée, & comme incorporée, par les vtiles enſeignemens de la Philothée, ne ſoit la ſource du ſentiment qu'il a voulu donner maintenant à connoiſtre en luy, par des actions toutes oppoſées au faſte ſeculier, qui n'a ſeruy, en ceux qui s'y ſont pleu, qu'à rendre leur puiſſance odieuſe aux ennemis de l'Egliſe, & déplorable à ſes enfans? Pouuons nous douter que l'humilité, la ſimplicité, & la frugalité, qui reluiſent en toutes les parties de ſa conuerſation publique & domeſtique, ne ſoient les mouuemens naturels de cette vie de Dieu, dont cette lettre nous apprend, en qu'elle maniere il a reseu *le ſuc & la ſubſtance qui la donne?*

C'eſt ce qui luy a donné ce mouuement d'humilité, lors que pour rendre à Dieu les actions de graces de ſa promotion au Vicariat de ſon Fils (la plus haute dignité que le Ciel ait mis ſur la terre) on l'a veu marcher à pied, pour teſmoigner l'abbaiſſement qu'il fait de ſa perſonne ſous la grandeur de cette charge, dont il reſſent la peſanteur. Et il eſt allé, dans cette maniere Apoſtolique, par le chemin où les autres marchoient auec pompe & magnificence. Il fait voir encore la ſimplicité auec l'humilité de ſa conuerſation, quand il donne aux pauures, aupres de luy, la place des perſonnes que la naiſſance luy a rendu proches. Car aymant mieux auoir pour freres ceux que le Sang de IESVS-CHRIST luy a conjoints, que ceux que le ſien luy a rendu tels, il a voulu conuertir au ſoulagement de leur neceſſité, tout ce que la couſtume employoit en des deſpenſes ſuperfluës, & à remplir les coffres des parens du nouuel éleu. Sa frugalité, qui n'eſt en luy que le rejetton de ces deux autres vertus, pour les maintenir pures, luy a fait renoncer à l'éclat de tout meuble d'or & d'argent pour ſon domeſtique, juſqu'à l'vſage le plus ordinaire, qu'il en auoit retenu, quoy qu'auec beaucoup de modeſtie, dans ſa dignité precedente. A ces trois vertus neceſſaires, pour faire l'exercice actuel d'vn vray renoncement au monde, il joint celuy d'vne penitence continuelle, & d'vne priere aſſiduë. Pour cét effet, afin d'enuiſager, ſans ceſſe, le jour du Seigneur, auquel il luy faudra rendre le compte exact d'vne ſi grande adminiſtration, qu'il luy a commiſe ſur toute ſa famille, il a, dans le plus ſecret

cret de ſa chambre, le premier appareil de la pompe funebre qui le doit conduire au tombeau. Dans cette meditation continuelle, il ne ſe paſſe jour que, pour ſe preparer à celuy-là, il ne demande à Dieu la grace d'accomplir dignement tous les deuoirs de l'importance de ſon miniſtere. Pour cét effet, en luy offrant ſur l'autel de ſon Egliſe ſainte, la ſalutaire Hoſtie qui a reconcilié le Ciel & la terre, il ſe déuouë continuellement, par ce ſacrifice, à tous les deuoirs de la dignité qui luy donne la preéminence entre les miniſtres de la ſacrificature eternelle de celuy qui en eſt le ſeul ſouuerain Sacrificateur, & le ſeul Sacrifice. Que deuons nous juger de ce genre de vie, & de l'exercice qu'il en fait, qui, par tous ces teſmoignages exterieurs, nous la repreſente ſi diuerſe de la conuerſation de pluſieurs de ceux, qui, dans ces derniers ſiecles, ont marché deuant luy? En voulons-nous connoiſtre la vraye raiſon, & penetrer dans la cauſe certaine des ſentimens qui le font agir de la ſorte? Apprenons, par l'eſchantillon de cette lettre, quelles ont eſté, de tout temps, ſes eſtudes, ſes amours, ſes delices, & ſes occupations principales. Elle nous monſtre, qu'elles n'ont eu, pour fin, que de former en luy vne vraye vie chreſtienne, de laquelle il peuſt exercer toutes les fonctions, en quelque condition où il ſeroit appellé.

Dieu l'a maintenant eleué au faiſte de la plus ſublime dignité qui ſoit en ſon Egliſe. Pour l'y faire monter dignement, & par la voye du ſaint Eſprit (qui l'a nommé notoirement par les voix vnanimes de tout le Conclaue) il a pleu à Dieu de l'en rendre digne auparauant, par ce meſme Eſprit. Il a voulu le rendre Saint, auant qu'il fuſt Pape, & le remplir de l'amour de ſon Fils, comme ſaint Pierre, auant que de luy commettre la paſture de ſes brebis. Lors que Dieu l'a fait Saint, qu'il luy en a inſpiré la grace dans le plus ſecret de ſon cœur, il en a prattiqué les œuures auec le juſte temperemment, qui eſtoit conuenable à tous les degrez de la vocation differente, par où ſa prouidence l'a fait paſſer. Il a touſiours gardé le myſtere de la foy & de la pieté dans vne conſcience pure, mais les rayons n'en ont reſplendi, dans ſes actions exterieures, qu'autant que le requeroit l'eſtat de ſa vie & de ſa vertu, *non auſtere, non ſolitaire, non eſtrange, mais ciuile, mais noble, mais agreablement temperée à la meſure de ſa condition.* A preſent qu'il ſe void aſſis ſur le plus haut ſiege de l'Egliſe, pour eſtre le patron, comme le docteur, de tout le troupeau qu'il doit conduire dans la voye de salut par son enseignement & par son exemple, il a pris ses mesures proportionnées à la conuersation dans laquelle il doit cheminer. Connoissant que la colomne de son throsne est la Croix de celuy qu'il y represente : il sçait aussi qu'on n'en peut dignement exercer la puissance, que par la plus profonde humilité dont son maistre luy a donné la regle.

Cette troupe de pauures, nourrie tous les jours de sa table, cét appareil funebre, qui est inseparable des pieds de son lict, ne sont donc pas des spectacles vains, pour faire parade d'vne deuotion affectée, & d'vne austerité solitaire & cruelle, qu'il a condamnée tout ouuertement, & qui est ennemie de la vraye sainteté qu'il a cultiuée, tout le temps de sa vie, par ses veritables preceptes, & par ses exercices essentiels. Mais comme il sçait que la condition de mœurs differente entre les successeurs de saint Pierre, n'a partagé que trop diuersement, parmy eux, les euenemens de sa vie ; les vns s'estant rendus imitateurs de sa cheute, les autres de sa penitence & de la fermeté de son amour: il connoist qu'en la corruption de ce Siecle il est impossible d'estre de ceux-cy, sans que par vne humilité & par vne charité qui responde à l'estenduë de sa prelature, il n'aboliſſe toute ambition & toute auarice dans les fonctions de ſa charge. Ce qu'il eſt impoſſible de faire ainſi, qu'en premier lieu il n'en condamne publiquement l'excez par des actions manifeſtes d'vne profeſſion oppoſée. C'eſt de là, que par vn tombeau touſiours preſent deuant ſes yeux, il fait voir aux yeux de toute l'Egliſe, que pour la gouuerner dignement il eſt mort à la vanité du monde, pour ne viure qu'à la ſeule gloire de ſon Seigneur. C'eſt de là, que ſa table fait les pauures ſes freres, & les compagnons de ſes repas, pour enſeigner à tous les Eueſques, qui ſont vrayement ſes freres, que le veritable ſymbole de leur fraternité, eſtablie par la table ſacrée du Myſtere duquel ils ſont tous enſemble diſpenſateurs, conſiſte en la profeſſion de la pauureté au milieu des richeſſes de l'Egliſe. Que pour ceſt effet, le ſaint Eſprit ne les a commiſes à la ſeule puiſſance de leur main, qu'afin d'eſtre adminiſtrées par eux, pour l'œuure meſme du ſaint Eſprit, en tous ceux qui en doiuent eſtre nourris & entretenus.

Par ces deux marques euidentes des affections ſaintes que noſtre Alexandre a dans le cœur, qui ſe voyent dans le rapport naïf de ſes actions exterieures auec les habitudes interieures qu'il a cultiuées dés ſa jeuneſſe, il eſt aiſé d'entendre ce que Dieu nous promet par luy, & ce que nous en deuons attendre. Car il ny a point de Chreſtien Catholique, qui puiſſe ignorer que le deſir ardent de toutes les ames pieuſes, qui ſouſpirent depuis tant de temps apres la legitime reformation de l'Egliſe, peut eſtre facilement ſatisfait, en baniſſant, de la promotion & de la fonction de ſes charges, l'ambition & l'auarice; & en reſtabliſſant, en leur place, l'exercice de cette humilité & de cette charité chreſtienne, qui ont repris leur regne aujourd'huy deſſus le throſne de ſaint Pierre à Rome. Il n'y a point de Catholique encore, qui puiſſe douter, que l'exemple du chef, à la veritable conuerſion duquel IESVS-CHRIST a donné la puiſſance & l'obligation de confirmer ſes freres en l'execution de leur deuoir, n'ait l'autorité ſuffiſante pour les conuertir auec luy. Que lors qu'il leur dira, par les paroles de l'autre fondateur de ſa chaire, *Soyez mes imitateurs comme ie le ſuis de* IESVS-CHRIST, il ne ſouſmette leurs penſées & leurs volontez à l'obeïſſance de leur maiſtre. Qu'il ne mette par terre tous les diſcours de la raiſon humaine, & toutes les affections de la volonté de la chair, qui s'eleueroient contre la force des armes ſpirituelles que Dieu luy a données. Tout cedera, dans l'Eglise, à la vertu d'vn Pape saint, qui maniera ces armes auec la force & la dexterité dont le saint Esprit l'a reuestu. Mais qui pourroit douter que tout ne luy cede dans l'Eglise, puis que ses plus opiniastres ennemis tomberont eux-mesmes à ses pieds, par la confusion que leur apportera la conuiction du mensonge qui les a seduits? Car ils n'ont esté seduits pour se destourner de la foy de l'Eglise, qu'en la deguisant, & en cachant le lustre de sa pureté, sous l'ombrage des vices de ceux qui, seans sur ce throsne, ont fourny ce pretexte à la calomnie des heretiques & des schismatiques, pour la rendre odieuse.

Dieu, qui a donné, à ce bon & saint Pape, vn esprit tout de paix, inseparable de l'esprit de justice & de sainteté, fera, s'il luy plaist, en nos jours, ce merueilleux ouurage par luy. Car aussi tout autre moyen de mettre la paix dans la Chrestienté, ne pourra jamais auoir d'effect, que la paix spirituelle de l'Eglise ne soit le fondement de la temporelle de l'Estat. Or la reformation des mœurs, qui ne depend d'ailleurs principalement que de la volonté d'vn saint Pape (c'est à dire de la conseruation de celuy que Dieu nous a donné) fera toute nostre paix spirituelle. Car elle leuera tous les ombrages dont l'ignorance & la malice ont aueuglé les peuples sortis de l'Eglise. Elle produira, par ce moyen, leur reünion en la foy, conjointement auec ce qui se doit appeller la seule legitime reformation, qu'ils n'ont pas entenduë. Car l'vne suit de l'autre aussi necessairement, que le corps spherique assemble le concaue & le conuexe, en vn, dans sa superficie. Si la grandeur de nos pechez, & si l'impenitence de nos crimes, ne nous rauit point ce don du Ciel, pour nostre indignité: mais si nous respondons, par vn desir sincere de nostre amandement, à la grace que Dieu nous a faite, d'enuoyer à l'Eglise ce medecin de ses playes: nous verrons que tous ceux, qui sont honnorez du mesme caractere, pour les penser auec luy, suiuront ses ordres, & joindront leurs mains d'vn consentement vnanime, pour trauailler ensemble à procurer sa guerison.

Ie vous ay representé, MADAME, le veritable sujet de la joye que toute l'Eglise doit auoir, voyant ce chef visible que le saint Esprit luy a donné pour la gouuerner. Mais ie vous l'ay representé, comme à celle qui, auec toute la societé des saintes filles que vous conduisez, auez vn argument tout particulier de vous en resioüir; puis que ce Pere commun des Chrestiens se professe luy-mesme estre fils de celuy que vous appelez vostre Pere ; & d'auoir tiré, de ses veines, *le suc & le sang duquel il vit*, qui a donné la forme & la vie à vostre religieuse congregation. Les saints ouurages de ce grand seruiteur de Dieu, qui l'ont rendu venerable à toute l'Eglise, luy ont rendu l'Eglise redeuable de la consolation & de l'edification quelle en reçoit journellement. Les fruits du salut, que maintes ames Chrestiennes en recueillent incessamment, ont pareillement acquis, à son nom, vne loüange & vne benediction eternelle, en la bouche de tous les fideles, qui le celebrent bienheureux. Il faisoit luy-mesme le premier tout ce qu'il enseignoit de faire aux autres. Et vray organe du saint Esprit, il respandoit par sa parole, & respand encore par ses escrits, dans le cœur d'autruy, cét amour diuin dont le sien auoit vne si grande plenitude. Mais de tous les effets qu'a produit la grace qu'il a receuë, il n'y en a point de comparable à celuy que nous voyons icy deuenu le talent d'vne veritable grace Apostolique, proportionnée au juste exercice de cette sublime puissance, en la personne de celuy qui gouuerne toute l'Eglise.

Toutes les raisons, pour lesquelles l'Eglise consacre les noms de ceux de qui elle eſt perſuadée que leur charité & leurs prieres continuënt, dans le Ciel, le meſme office qu'ils faiſoient icy-bas, en impetrant les meſmes graces de Dieu enuers elle, qu'elle en a receu par l'efficace que le ſaint Eſprit donnoit à leur miniſtere, ſe rencontrent infailliblement dans les circonſtances de la vie de ce digne Eueſque, pour luy donner le nom de ſaint. C'eſt choſe aſſurée, ſelon la foy de l'Egliſe de tous les ſiecles, que les ſaints bien-heureux, qui regnent auec IESVS-CHRIST, impetrent de Dieu, par leurs prieres, & ſelon les merites qu'ils ont receus de luy, pareille grace, pour le beſoin de ceux pour leſquels ils prient par IESVS-CHRIST, que celle au miniſtere de laquelle ils auoient receu le don icy bas d'operer merueilleuſement.

Il n'y a point eu d'Eueſque dans l'Egliſe du temps du B. François de Sales, de qui le miniſtere ait eu plus d'efficace pour la conuerſion des ames à Dieu, principalement pour les heretiques. Le meſme effect s'eſt encore monſtré en ſon interceſſion, en maintes rencontres fauorables, pour ceux leſquels ayant recours à luy, ont demandé à Dieu l'accompliſſement de ſes prieres, en faueur de leurs parens & amis ſeparez de l'Egliſe. Vous le ſçauez, MADAME, par vne experience dont l'euenement vous a esté le plus cher que vous pouuiez receuoir au monde. Car c'est de là que feu Monsieur vostre pere, plein d'années & de diuerses benedictions, finissant sa course, passée, auec beaucoup d'honneur dans toutes les dignitez dont nos Roys l'auoient jugé digne, qu'il auoit exercées auec vne grande probité & vne singuliere vertu morale; proche de son départ, pour aller hors du monde, receut vn effect du tout merueilleux de la grace de IESVS-CHRIST, pour sa conuersion, que vous auiez demandée, depuis tant d'années, & que vous vistes accomplie, en cette derniere heure, par le saint Esprit, auec l'assistance de ce bien-heureux Pere spirituel, qui a engendré, en nostre Seigneur, le glorieux essein des ames Religieuses dans lequel vous estes. Que peut on apres cela demander, en vn Euesque qui le rende plus digne de la gloire d'vn saint? Car aussi nulle autre condition ne peut mieux meriter cette loüange, pour en auoir le tiltre apres cette vie, que celle d'vn Euesque qui s'acquitte, comme il appartient, en sa vocation icy-bas, de tous les deuoirs de sa dignité. Il tient la place de IESVS-CHRIST. Il en fait les fonctions dans l'Eglise: Il est l'organe du saint Esprit, pour se sauuer luy-mesme & ceux qui l'escoustent, quand, par ſa parole & par ſon exemple, il les conduit dans les voyes de Dieu. Mais il ne fait cette œuure qui le ſanctifie, que par l'humilité & par la charité, que la longueur & la largeur, la profondeur & la hauteur de la Croix de IESVS-CHRIST luy a donnée pour la meſure de ſes actions & de ſes deuoirs. Ceux qui l'obſeruent ſont appellez, pour cette cauſe, les eſtoiles du Ciel. Il eſt dit d'eux que ceux qui en introduiſent pluſieurs à juſtice reluiront eternellement comme les eſtoiles. Ils ſont comparez aux Anges des cieux. Ils en ont l'office & le nom. Tous les fideles les regardent & les reuerent de la ſorte, comme l'Apoſtre diſoit aux Galates, *Vous m'auez receu comme vn Ange de Dieu, comme IESVS-CHRIST meſme.*

Mais tournons le feüillet. S'ils font tout le contraire. S'ils abandonnent leurs deuoirs. S'ils ſont deſpourueus d'humilité & de charité. S'ils ſont reueſtus d'orgueil & d'auarice. S'ils ſont ennemis de la Croix de IESVS-CHRIST. Si leur Dieu eſt leur ventre. S'ils mettent leur gloire en leur deſhonneur. S'ils n'ont ſoucy que des choſes de la terre. Plus leur dignité eſt releuée, plus leur crime eſt enorme deuant Dieu & deuant les hommes. Au lieu d'Anges, ce ſont des Diables. Au lieu de vicaires de IESVS-

Christ, on peut dire qu'ils deuiennent vrais antechrists. Loüé soit Dieu qui, par sa grande misericorde, a leué cét opprobre & ce scandale de dessus le souuerain Siege de l'Eglise. Et qui, par cette mesme grace, a colloqué encore, sur plusieurs autres, plusieurs Anges de sa mission, plusieurs Borromez, & plusieurs de Sales. Ce qui nous doit remplir d'esperance, que le temps approche, auquel Dieu, selon les momens definis de son Conseil inscrutable, enuoyera ses Anges dans sa moisson, pour separer l'iuroye des scandales, que l'homme ennemy a semez sur la bonne semence des justes, & qu'il a commandé mesme, à ses seruiteurs, de laisser croistre jusqu'à maintenant.

C'est à nous tous, qui souspirons en l'attente de ce jour agreable, & de ce vray jour de salut, d'éleuer nos vœux & nos cœurs à Dieu, pour luy demander qu'il luy plaise de faire reluire, en ce temps, cette sienne face sur nous. Qu'il conserue & confirme son seruiteur, qu'il a esleu. Qu'il l'arme de force & de prudence vrayment spirituelle. Qu'il donne efficace à sa parole & à son exemple. Qu'il sousmette toute hautesse à l'obeïssance de sa houlette. Que sa voix soit escoutée de toutes ses brebis, comme l'oracle procedant de la chaire de saint Pierre où il eſt aſſis, pour y agir ſelon tous les ordres, par leſquels elle anime & vnit enſemble la juſte harmonie du conſentement vnanime de tous ces collegues qui ſont dans l'Egliſe. Mais c'eſt à vous, MADAME, en particulier, & au Chœur Sacré des vigilantes Vierges que vous gouuernez, de redoubler vos jeuſnes. De r'enflammer vos prieres. De reſpandre vos larmes plus abondamment, & de r'animer ainſi voſtre zele & voſtre pieté vrayement angelique, pour demander à Dieu qu'il accompliſſe ce que luy demande, par ſes prieres, ce bien-heureux Saint, voſtre patron, de qui l'ouurage a eſté, par ſon miniſtere, & par ſes oraiſons, la Sainteté du Pape, pour lequel nous rendons graces à noſtre Dieu. Qu'en cette maniere la bonté diuiue magnifie la gloire des merites que ſa grace luy a departis pour le rendre ſaint. Afin que toute l'Egliſe publie & celebre à jamais ſon nom & ſa loüange, par le teſmoignage & par l'oracle de celuy qui ne peut auoir d'experience plus certaine de ſa Sainteté, que la communication qu'il en a receuë luy meſme par les eſcrits & par les prieres de ce Bien-heureux. C'eſt ce ſentiment, qui ſe trouue ſans doute conforme au voſtre, qui m'a fait croire, MADAME, que vous auriez bien-agreable l'addresse que ie vous fay de cette lettre, & de ce discours dont ie l'accompagne. Soit que mon nom vous soit connu, ou qu'il vous soit inconnu jusques à cette heure, ie supplie vostre charité d'en auoir memoire d'oresnauant dans vos saintes prieres, comme de celuy qui est veritablement en nostre Seigneur IESVS-CHRIST;

MADAME,

Vostre tres-humble & tres-obeïssant seruiteur, LA MILLETIERE.

APPROBATION.

APRES auoir leu la traduction de la lettre de N. S. P. le Pape à son Neveu, & celle que Monsieur de la Milletiere escrit sur ce mesme sujet à la Superieure de la Visitation de la ruë saint Antoine; Nous n'y auons rien trouué qui ne soit tres-conforme à la Religion Catholique, Apostolique & Romaine, & Nous les auons jugées tres-dignes d'estre données au public, tant parce qu'elles font connoistre à tous les fideles l'estime qu'ils doiuent auoir du commun Pere de l'Eglise, qu'à cause qu'elles peuuent beaucoup contribuer à la consolation & à l'edification des ames saintes. Fait à Paris le 17. Iuin 1655.

✠ FRANÇOIS E. d'Amiens.

✠ L'Abbé DE MARMIESSE, Agent general du Clergé, nommé E. de Conserans.

Approbation des Docteurs.

NOVS ſous-ſignez Docteurs en Theologie de la faculté de Paris, certifions auoir leu auec beaucoup de ſatisfaction la traduction d'vne lettre de N. S. P. le Pape Alexandre VII. à preſent ſeant, faite par Monſieur de la Milletiere, & vne autre lettre dudit Sieur addreſſée à la Reuerende Mere Superieure de la Viſitation, & n'auoir remarqué choſe aucune en l'vne & en l'autre qui puiſſe choquer la Foy de l'Egliſe Catholique, ou les bonnes mœurs : au contraire tout y eſt ſaint, tout y eſt remply de pieté, & de vrais aduis fort vtiles aux ames Chreſtiennes; auſquelles nous ſouhaittons qu'elles ſoient communiquées. En foy dequoy nous auons ſigné ce 1. Iuillet 1655.

MARLIN Curé de S. Euſtache. MARTIN.

www.ingramcontent.com/pod-product-compliance
Lightning Source LLC
LaVergne TN
LVHW050224180726
843501LV00013BA/2528

* 9 7 8 2 3 2 9 6 5 2 6 6 5 *